AF177552

Susanne Siems

Was wäre wenn?

- Lyrische Texte -

© 2019 Susanne Siems

Umschlaggestaltung und Buchlayout:
Thomas Vallentin

Verlag & Druck: tredition GmbH,
Halenreie 40-44, 22359 Hamburg

ISBN:
978-3-7497-8258-1 (Paperback)
978-3-7497-8259-8 (Hardcover)

Was wäre wenn

Was wäre wenn,
wir es dennoch wagen,
Trotz all unserer Vorbehalte Vertrauen zu haben.

Was wäre wenn,
wir alle Skeptiker Lügen strafen,
und trotz allem ankommen im Liebeshafen.

Was wäre wenn,
wir wieder zu glauben wagen,
die Träume siegen, nicht des Alltags Klagen.

Was wäre wenn,
der Mut uns beide beseelt,
nicht die einsame Träne ins Kissen sich quält.

Was wäre wenn?
Wenn es wäre, was dann?
Wäre es dann? Es wäre!
Für mich? Nur ein Gedicht?
Vielleicht

(Januar 2012)

Sehzeichen

Die See
Seezeichen
Seensucht
Sehnsucht
Sehzeichen

Die See gibt meiner Sehnsucht Zeichen,
ich sehe die Zeichen und sehne mich danach,
sie zu verstehen.

So werden aus Seezeichen vielleicht irgendwann,
wenn ich mehr von dieser Welt, meinem Leben
und Mutter Erde begriffen habe,
Sehzeichen.

(März 2014)

Mein Alphabet

A wie
Arbeit, die sinnvoll ist
B wie
Bücher lesen, ohne Ende
C wie
Christoph, mein Sohn
D wie
Duftende Pflanzen in einem wild wuchernden
Garten
E wie
Erfahrungen sammeln, gute und schlechte
F wie
Fotos, Momentaufnahmen gelebter Zeit
G wie
Gebraucht werden
H wie
Helle Räume, helle Gedanken!
I wie
Irrwege zulassen
J wie
Jungbleiben im Geiste
K wie
Klavier spielen und dem Klang lauschen
L wie
Liebe geben und bekommen
M wie Mut haben
N wie Natur erleben

O wie
Oma werden
P wie
Pittiplatsch
Q wie
Querdenken
R wie
Rudolstadt im Sommer
S wie
Singen, leise und laut, fröhlich und traurig
T wie
Tagebuch schreiben
U wie
Unvollkommen sein
V wie
Vertrauen haben
W wie
Winterreisen
X wie
X Mal Gitarre üben
Y wie
Yogi Tee
Z wie
Zuhören

(April 2017)

Umzug

Hier noch nicht fremd,
dort noch nicht zu Hause.
Hier die Trauer des Abschieds,
dort die Hoffnung des Neubeginns.

Hier die Sicherheit des Vertrauten,
Dort die Neugier auf Ungewisses.
Heimat wird zur Wüstenlandschaft,
unbebaute Fläche vielleicht ein geordneter Garten.

Wie lange wird es dieses Mal dauern,
bis ich die alte Heimat zugunsten neuer
Erfahrungen in die wohlbehütete Kiste Erinnerung
packe?

(Juni 2008)

Gespräch mit dem Baum vor meinem Fenster

Ich betrachte den Baum vor meinem Fenster,
große Bewunderung überkommt mich:

Ich: „Wie groß du bist!"
Er: „Man kann nur hoch hinaus, wenn man tief
verwurzelt ist."
Ich: „Du stehst so frei, Deine Äste fangen den
Wind!"
Er: „Die Freiheit, einzeln zu stehen, kostet viel
Kraft. Jeden Sturm muss ich allein aushalten.
Manchmal sehne ich mich nach meinen Gefährten
im Wald. Nur in dieser Gemeinschaft sind wir eine
unbezwingbare Macht."

Ich öffne die Tür, trete vor mein Haus und gehe zu
dem Baum. Sanft streiche ich über seine rissige
Haut. Trost und Bewunderung in einer Geste
vereint.

Mein Baum - Zu gleichen Teilen Zuflucht und
Ausflucht,
schützendes Nest und Sprungbrett in den Himmel.

(März 2014)

An den Kummer

Du, den ich viel zu oft mit mir trage,
der den Rücken mir beugt,
wenn ich eigentlich gern aufrecht gehen würde.
Der die Brust mir eng macht,
so dass ich vor Sehnsucht nach Luft nur noch
schreien kann.

Kummer, wie ich Dich hasse,
weil Du klammerst!

Du, den ich ständig abzuschütteln versuch,
ich renne und renne
und spüre doch immer Deinen hechelnden Atem in
meinem Nacken.

Du, gehasster Geliebter,
den ich kaum ertragen kann,
den ich doch genießen kann,
weil Du mich fühlen lässt, weil Du mich leben lässt.

Kummer Du, verlass mich endlich, doch niemals
auf immer,
Ich brauche Deinen Tiefsinn im Rücken.
Niemals könnte ich allumfassende Freude
ertragen.

(März 2007)

Schönheit

Da ist eine Frau,
aufregend schön würden viele sagen.
Finde ich auch.
Sehr blond das Haar,
sanft geschwungen,
wissend die Augen, sehr klug die Worte.
Ich hänge an ihren Lippen,
trinke jeden Gedanken.

Gegenüber ein Mann,
sehr schön,
mit schwarzen Locken und tiefer Stimme.
Auch er spricht kluge Gedanken und lächelt auf
eine betörende Weise.

Die beiden sie sitzen,
sie genießen den Wohlklang ihrer Stimmen,
sie trinken ihre strahlenden Blicke.

Ich sehe die beiden,
genieße die Schönheit der Gesichter,
das Ahnen der Gefühle, des Unsagbaren.

Beneide sie beide:
Um die Sorglosigkeit des scheinbar unendlichen
Gefühls,

um die Arglosigkeit der scheinbar nie vergehenden
Schönheit,
Bange für sie:
Um das Ende der Aufrichtigkeit
Um den Anfang der Heuchelei.

Und ich, die Unauffällige, Beobachtende,
bedaure sie schon jetzt,
für die Erfahrungen, die ich längst machte.

Und beneide sie unendlich!

(November 2002)

Fernweh

Du bist hier und eigentlich nicht da,
denkst daran, was Du tun sollst
und eigentlich doch daran – wie es war.

Sehnsucht, hier zu Hause zu sein,
aber an einem ganz fernen Ort.
Sehnsucht, ich zu sein,
aber das Kleid stammt von einem Feen-Ort.
Sehnsucht, ich zu sein,
doch ein bisschen mehr, viel mehr ...

Irgendwann hat man die Sehnsucht satt,
bleibt man, wie man ist, wendet nicht mehr das
Blatt.

Nicht nur die Sehnsucht ist dann gestorben.

(Mai 2013)

Gegen das Selbstmitleid

Tränenüberströmt sitzt Du da,
alles Elend dieser Welt scheint über Dir
zusammenzubrechen.
Wo ist der hehre Sinn in all diesen banalen
Alltäglichkeiten?
Ständig nur jagen nach Geld, Macht, Besitz.
Je mehr Du hast, umso weniger genügt es.
Dir ist so elend, jeder Euro, jede sinnlose Weisung,
jeder schicke Fummel tropft Dir aus den Augen!

Da fragt eine Stimme, leise, leise und ganz
schüchtern:
„Wie willst Du's haben?"
„Was? Wie? Ich weiß nicht?"

Vielleicht – wenigstens einen Menschen, den ich
bedingungslos lieben kann –
Hast Du – sieh da, Dein Kind, es bemüht sich
verzweifelt, Dich zum Lachen zu bringen.

Einen Platz, wo ich zu Hause bin, die richtigen
Bücher und Blumen, mit denen man reden kann.
Hast Du, die Bücher rufen Dich, höre, sie wollen
gelesen werden, die Blumen dürsten einmal mehr
nach Deiner Stimme, nicht unbedingt nach dem
Nass aus der Gießkanne.
Das ich gebraucht werde –

Zu allererst kümmere Dich um dich selbst, dann um die, deren Liebe dir manchmal zu aufdringlich scheint.
Verschwende Dich dort, wo Du gebraucht wirst. Dann merkt man vielleicht auch dort, wo Du gebraucht werden möchtest, wie nützlich Du bist.

Kinderlachen und strahlende Augen –
Du kannst es täglich haben - Dein Kind ist ein wirklicher Sonnenschein. Widme Dich ihm ganz in der Zeit, die Du da bist. Dann wird es Dir von seiner Zeit geben, damit Du auch Dinge für Dich allein tun kannst.

Ich will schön und klug sein
Im Augenblick bist Du verwirrt und unglücklich – das macht Dich nicht anziehend
Dein Charme ist umwerfend, wenn Du den Mut hast, ihn aus dem Berg der eigenen Kümmernisse hervor zu graben. Dein Lachen ist ansteckend, wenn Du es von innen herauslockst und es zulässt. Schönheit ist Ausstrahlung – du besitzt sie. Vergiss die Selbstzweifel – Dein Glück ist es, anderen Menschen Mut zu machen.
Deine Klugheit kennen die anderen – warum zweifelst Du an ihr?

Ich will Macht haben?
Willst Du das wirklich?

Nein, Du willst gebraucht werden, also lies diese
Zeilen noch einmal von vorn.

Und wenn sie wiederkommen, die Tränen des
Selbstmitleids? – Frag Dich noch einmal

„Und wie willst Du's haben?"

(November 2001)

Ode an das Glück

Mal bist du groß, mal bist du klein.
Du liebst es, zu überraschen.
Viele rufen Dir zu „Bitte sei mein",
wollen dich für immer und ewig erhaschen.

Da machst du nicht mit,
du lässt dich nicht fangen!
Wann du kommst, wann du gehst –
Die Entscheidung triffst du.
Verweilen ist Tod, Bleiben bedeutet Gewohnheit.
Aber das Versprechen, wieder zu kehren,
das gibst Du sehr gern.

Du bist verwandt mit Trauer und Einsamkeit.
Nur in ihrer Schwere besteht deine Leichtigkeit.
Deine Lebenszeit ist der Augenblick,
dein Lebensgefühl die Hoffnung.
Dein Lebensprinzip Spontanität und
Vergänglichkeit. Erinnerung und Traum deine
engsten Freunde.

Du machst uns Menschen schön, freundlich und
fröhlich.

Solange wir wissen, dass es dich gibt, irgendwo,
dass du aus jedem Versteck plötzlich
hervorkommen kannst,
so lange glauben wir an uns selbst.
Hab dank, du wunderbares Glück.

(Mai 2012)

Ich selbst

Auf der Suche,
nach was eigentlich?
Nach mir,
nach dem, was ich bin, war, sein werde?
Was ich vorgebe zu sein,
was ich gern gewesen wäre,
irgendwann?

Auf der Suche nach dem,
was ich gern sein will.
Jetzt, in diesem Augenblick?
Vielleicht nur genau jetzt,
oder für die genau nächsten hundert Jahre!

Wer ist es - mein Ich?
Wo finde ich es,
wo hält es mich fest,
wenn das andere, das Anti-Ich,
mich grün und blau schlägt
und mit Worten beschimpft.

Ich - ein zerrissenes Wesen,
mutig und froh,
zupackend und kreativ.
Zugleich zweifelnd und unruhig,
traurig und dumm.

Wo ist es, das wirkliche Ich,
der Mensch, der ich bin?
Gut und schlecht,
faul und fleißig,
klug und dumm.

Überall ist Ich, überall ist Fremde.
Darum ist es so,
dass ich manchmal ganz bei mir zu Hause bin,
manchmal aber auch fremd und allein
mit meinem eigenen Ich.

(August 2013)

Meine Muttersprache

Sie bedienen sich Deiner täglich,
mit einer Selbstverständlichkeit die schmerzt.
Mir scheint Dein Leiden manchmal unsäglich,
es tut mir weh, wenn man über Dich scherzt.

Dich falsch versteht, in andere Kleider zwängt.
Kleine, aber feine Unterschiede verkennt.
Aus „zu" wird „an", aus „auf" wird „in",
Wie unglücklich ich darüber bin

Downgeloaded, outgesourct,
Networking in der Backfactory,
Da geht's deutsch-englisch um die Wurst,
in unsrem deutschen Germany.

Ich liebe Deine Vielfalt,
den Tiefsinn und die Mehrdeutigkeit.
Ich erkläre mich zu Deinem Anwalt,
gegen Dir angetane Gedankenlosigkeit.

Du bist nicht einfach, sagt man,
mir gehst Du immer leicht vom Mund.
Ich lernte Dich früher als Handstand,
und gedankenloser Gebrauch macht heute
meine Seele wund.

Bin froh und stolz, dass ich dich habe,
auch wenn ich diese Zeilen hier nur stümpern
kann.

Du meine Muttersprache,
in der ich rede, schreibe und Träume fand...

(Februar 2011)

Musik

Auf einem Klavier ein kleines Nachtlied von
Chopin,
die Cellosuiten von Bach noch im Ohr,
Pink Floyd wünschen „Wish you were here"

Als wir noch "Yesterday" besangen,
war da vielleicht alles besser?
Mag man Silvester mehr,
wenn man Händels „Feuerwerksmusik" hört oder
„We are the champions"?

Das Radio spielt „Father and son" –
Ich bin die Mutter und mein Sohn hört eher
klassische Musik.

(Oktober 2014)

Geburtstag

(Gespräch, das so nie stattgefunden hat
Für meine liebsten Menschen zu ihrem Geburtstag)

Da stehen wir uns nun gegenüber,
nach Worten suchend,
aber wieder einmal mehr sprachlos ob der vielen
Worte, die sich vordrängen, aufdrängen,
rausdrängen.
Das Schweigen - es ist die seltsame Klugheit der
Menschen, die sich sehr mögen.
Was bleibt zu sagen angesichts der feinen Netze
der Gefühle.
Wie kann man es wagen, dieses Netz mit Worten
zu zerreißen.
Andererseits - wir Menschen sind sprechende
Wesen.
Und muss ich mir nicht auch Feigheit vorwerfen,
wenn sich mein Mund nicht öffnet aus Angst,
missverstanden zu werden?
Was für ein Meister dieser Gott, wer oder was
immer er auch sei. Da gab er den Menschen nicht
nur die Sprache, sondern auch den Verstand, sie
umzuwandeln, festzuhalten als Schrift. Und diese
Schrift wieder Sprache und Wort werden zu lassen.
Wer schreibt, braucht mehr Zeit zum Reden,
Denken. Mir erscheint das oft nützlicher und
weniger verletzend für mich und auch für andere.

Da steh ich nun, ohne Blumen, aber mit Gedanken und Wünschen im Herzen.

Leider sind auch die Wünsche meist die eigenen. Sicherlich - Gesundheit, sie ist und bleibt immer das Wichtigste. Erst wenn sie streikt, merken wir, wie nötig sie war.

Und darüber hinaus?

Was wünsche ich jemandem, der mir sehr nah, sehr vertraut ist und doch durch Jahre, Menschen und Geschehnisse getrennt. Ist es vielleicht nicht nur egoistisch, wenn ich sage, ich wünsche ihm das, was ich mir selbst wünsche. Ist doch mein Bestreben, Glücklich zu sein, was auch immer das heißen mag.

Für mich bedeutet es: etwas zu haben, womit ich mich anderen öffnen kann, das Lachen eines Kindes, die Arme um meinen Hals, der Duft von Petunien und Pferden und der eines Herbstwaldes, die Musik von Bach und Led Zeppelin mit den Texten von Reinhard Mey, die Zurückgezogenheit in mich selbst so wie jetzt beim Schreiben am PC, der Anruf von lieben Menschen, ein Strandspaziergang im Winter und London bei Nacht. Eine schwierige Aufgabe zum Nachdenken, ein kleines, aber geordnetes Chaos in meiner Wohnung - und, das andere nach mir fragen. Namen sind austauschbar. Das Wesentliche, was dahintersteckt, nicht. Du hattest mehr Zeit als ich, zu lernen, dass man nicht alles haben kann, dass man eigentlich nur ganz wenig wirklich hat, dass das aber nicht eigentlich zählt, sondern wie man damit umgeht. Ich wünsche Dir also, dass Du möglichst viele der Dinge, die Dir wichtige sind, im nächsten Jahr wenigstens ab und zu mal bekommst.

(März 2008)

Das streitende Paar

Liebster,
lass uns streiten bis die Fetzen fliegen,
Gedanken diskutieren, die sich winden wie ein
Wurm
lass uns zornig sein und lass die Tränen fließen
doch sei niemals hinterhältig und gemein.

Lass die Feuersbrunst der Wut uns heiß
verbrennen,
jedes Wort hervorgeschleudert wie ein gift'ger
Pfeil
jeder Blick ein Blitz, jeder Ton ein Donnergrollen,
niemals aber sei'n wir hinterhältig und gemein

Lass uns niemals schweigend auf das Wort des
andern lauern,
seine Angst und Schwäche nutzen für die eig'ne
Macht
lass uns niemals heimlich and're Wege gehen
und nach Hause kommen als wär nichts geschehn.

Lass uns lieben, streiten, lachen.
Wach sein, offen, froh und frei,
So ist Leben miteinander lange möglich,
und ein tägliches Geschenk für zwei.

(Mai 2016)

Satt haben oder sein

Ich habe es satt,
zu warten auf ein paar aufmerksame Worte von
Dir,
wenn sie nicht kommen,
zu suchen nach den Unzulänglichkeiten bei mir.

Ich habe es satt,
zu hören Dein Klagen am Telefon,
über mangelnde Gelegenheiten
und Deine Angst zu wählen den falschen Ton.

Ich habe es satt,
Dein Gerede von Zeitnot und erdrückender
Alltäglichkeit,
denn mir scheint, was Du dort lebst ist die
Wirklichkeit.

Ich habe es satt,
mein Hoffen auf Gesten und Worte von Dir,
die ich doch so oft bräuchte
in meinem Leben hier.

Ich habe es satt,
mich klein zu fühlen immer nur,
das Sattsein auf Dauer ist eine sehr anstrengende
Hungerkur.

Ich habe es satt,
die Hungrige zu sein,
mir mit Belanglosigkeiten den Bauch voll
zuschlagen zum Schein.

Ich habe es satt,
zu sehen wie wohl genährt Du bist,
wie Du alles mit ganz anderen Maßstäben misst.
Mir scheint, mein Mahl besteht aus Wasser und
Brot,
während bei Dir sind Käse und Wein – dieser
vollmundig und rot.

Ich habe es satt,
mein sinnloses Hoffen und Begehren,
werde mich nun gegen die Abmagerung meiner
Liebe wehren.
Keine eigenen Wünsche zu äußern,
die Diät war wohl falsch,
Na ja, ich fürchte,
dass bekommst Du dann auch noch in den falschen
Hals.

(April 2007)

Markt der Möglichkeiten

Bist du zu haben
Nicht mehr ganz junge Frau?
Bist du zu haben
Mittelaltermann?
Was hast du erfahren,
was kann die nächsten Jahre noch sein?

Die Vergangenheit gibt es,
ihren Schatten vergräbst Du.
Zukunft wird sein, das weißt Du.
Aber wie und mit wem?

Ist der Mensch nun ein Einzelwesen oder ein
Rudeltier?
Ist die erste Hälfte des Lebens nun eine Erfahrung
oder ein Riesenreinfall?

Gehst du neue Wagnisse ein oder schützt du dich
vor Enttäuschungen?

Suchst du nach Abenteuern oder dem
Schneckenhaus?
Was auch immer du entscheiden wirst,
lerne es leben als einen Teil von Dir!

(September 2010)

Schachfiguren

Dein Leben, es scheint mir immer mehr ein
Schachspiel zu sein.
Jeder Zug geplant, Vorteil und Nachteil sorgsam
gegeneinander aufgewogen.

Die Königin an Deiner Seite beachtest Du kaum,
zu Beginn bist Du nicht auf sie angewiesen.
Du verbrüderst dich mit den Bauern,
die kleinen, aber sicheren Schrittes nach vorne
streben.
Die Läufer schickst Du ins Land
um die Höfe der anderen zu erkunden.
Links und rechts die Eltern, zwei Türme,
unverrückbar scheinbar, halten sie zu Dir.
Die Springer, sie sind Deine Lieblingsfiguren,
lebhaft und wendig, mal hier und mal dort,
helfen sie Dir schnell, die fremde Königin
einzufangen. Du küsst sie, berührst sie sanft.
Umgarnst sie allein und mit der Hilfe Deines
Fußvolks.
Aber der andere König weicht nicht von ihrer Seite.
Auch er hat ein starkes Volk um sich geschart.
In Besitzgier gefangen opferst DU das, was Dir
unverwundbar schien,
zuerst die eigenen Eltern,
am Ende Deine Königin.

Einsam und schuldbeladen endet das, was so
hochfliegend und besitzgierig begonnen hat –
Dein Leben

(Oktober 2008)

Ein Abend mit meinem traurigen Herzen

Wir haben gerade ein Rendezvous,
mein einsames Herz und Ich.
Jetzt sind wir mal richtig auf Du und Du,
keiner fragt, ob wir das gerade möchten oder nich'

Da öffnen wir Schränke,
die waren schon Jahre tabu
Wohin ich die Gedanken auch lenke
Es geht leider nur um mich, nicht um das
vielgepriesene Du.

Kindheit und Jugend, Erwachsenwerden mit viel
Charme,
Der Augenblick ruft „Sieh nicht zurück, die Zukunft
gehört mir!"
Doch wird mir manchmal in der Erinnerung ganz
warm,
Heut Abend bin ich einsam, war da früher mehr
„Wir"?

Wo bin ich, was bin ich, das fragt mich mein Kopf
Was fühlst Du, wie fühlst du, das fragt mich mein
Herz.
Wo liegt die Antwort, zu oft komm ich mir vor wie
ein Tropf,
Zum Leben gehören nun mal Glücksgefühl und
Schmerz.

An diesem Abend mit meinem traurigen Herzen.
Was kann mich da trösten, was lindert den
Schmerz?
Im Augenblick Lieder und ein Meer von Kerzen.
Und die Gewissheit: wir bekommen auch wieder
andere Zeiten.
Das werden dann Abende mit meinem fröhlichen
Herzen.

(November 2013)

Was ist es?

Seit wir uns lieben,
ist etwas zurückgekommen zu mir.
Ein Licht, ein Gefühl, Gedanken…

Seit wir uns lieben,
bin ich zurückgekommen zu mir,
zu meinem Fühlen, Denken, Lachen und Weinen.

Seit wir uns lieben,
lerne ich wieder aufrecht gehen,
habe ich wieder Mut,
Lust am Streiten.

Seit wir uns lieben,
kann ich wieder genießen,
für andere da sein.

Ohne diese Liebe wäre ich kümmerlich, klein und
blass
Ob ich aber wüsste warum?

(Januar 2016)

Das Leben – ein Sudoku

Drei Schritte nach rechts, dann nach unten,
nach links gedreht - drei Schritte, dann drei nach
oben.
Angelangt wieder am Ausgangspunkt.
Das ist der große Plan.

Dazwischen viele kleine Schritte, nach dem
gleichen Prinzip angelegt:
Geordnete Formen, die das Chaos verhindern.
Die kleinste Zahl ist eins, die größte neun,
jede ein wichtiger Teil des Ganzen.
Im kleinen Quadrat nur einmal vorhanden,
im großen Ganzen immer wiederkehrend.

Neun Kästchen zu einem Quadrat geformt,
neun Lebensjahrzehnte zu etwas
Unvergleichlichem zusammengefügt.
Viele Tage, Begegnungen, unverwechselbar und
unwiederholbar.
Dennoch an anderer Stelle, in anderer Form schon
einmal dagewesen.

Mal sind die richtigen Zahlenwege sehr leicht zu
finden und deutlich sichtbar,
Mal scheint es keine Lösung zu geben.
Mal fehlt die Geduld und man findet kein Ziel,
verläuft sich auf Irrwegen.

Nicht immer bieten die „leichten" Aufgaben die schnellsten Lösungen,
dafür wird manch harte Nuss leichter geknackt als gedacht.
Das Wissen um Systematik und Ordnung bringt Beruhigung.
Alles wird sich in die bestehende Ordnung fügen,
auch wenn das im Augenblick nicht erkennbar ist.
Manchmal braucht es nur den Moment des Luftholens,
Zeit, die schwierige Aufgabe aus der Hand zu legen, loszulassen,
um sie anderntags mit dem Blick für überraschende Lösungen erneut zu beginnen.

Man sollte es lieben, dieses große Ratespiel, das Leben.
Seinen beruhigenden Gleichklang, die Ordnung dahinter und seine Überraschungen.

(Juni 2012)

Ahnungen

Ich fühle, Du liebst mich,
Ich fühle, Du betrügst mich!

Deine Hände sie fassen nach mir,
Deine Augen können nicht lassen von mir.

Du sagst, Du liebst mich,
ich spüre, Du betrügst mich.

Dein Lachen bittet um Vertrauen zu Dir,
meine Tränen zeigen die Zweifel in mir.

Du sagst, Du liebst mich,
ich weiß, Du betrügst mich.

(Dezember 2011)

Du bist fortgegangen

Hör auf zu rufen in mir – Geliebter!
Du bist fortgegangen!
Ich bin allein mit den Fragen „Wohin, warum, zu
wem"!

Hör auf zu ziehen an mir – Geliebter!
Du bist fortgegangen!
Ich muss bleiben und den Trennungsschmerz
tragen für uns beide!

Hör auf zu betteln in mir – Geliebter!
Du bist fortgegangen!
Ich kann nicht mehr reden, nur noch schweigen
mit Dir.

(Dezember 2011)

Einsamkeit

Wer ist sie? Was ist sie?
Eine alte Dame, bekannt mit Agatha Christie?
Eine heimtückische Schöne,
die sich versteckt, mit uns spielt,
um uns dann, irgendwann,
wenn wir es am wenigsten erwarten,
zu zerstören?
Oder eine Freundin, die uns stillschweigend
begleitet,
wissend, das sie sowieso immer da ist,
toleriert aber nicht geliebt.

Manchmal liebe ich sie sehr,
bei den Spaziergängen am Strand oder im
herbstlichen Wald.
Ihr wirklicher Name ist dann Natur, Erde, Baum.
auch sie existieren für sich,
ohne das Muss des Nachbarn,
sich selbst genügend, und damit ähnlich der
Einsamkeit.

Manchmal hasse ich sie sehr,
ihre Gleichgültigkeit, Gelassenheit,
sich als Weisheit tarnende Mutlosigkeit.
Dann kommt sie meist als Mensch daher,
macht mich nicht ruhig und nachdenklich,
sondern laut und fordernd.

Dann mag ich auch ihre gute Seite nicht mehr
sehen,
mein verletzter Stolz trampelt die Erde kaputt und
tritt gegen den Baum.

Denn:
ich bin ja Mensch, nicht Fels und Baum,
mit meinem Ich magisch angezogen von ihrer
spröden Schönheit
und zu schnell vertrieben von ihrer scheinbaren
Selbstgefälligkeit.

Schön, dass sie sich dennoch immer wieder
zusammenfinden – der Mensch und die Erde
In Verzweiflung und Glück gleichermaßen.
Und ich rufe sie manchmal:
Halt ein, hab Geduld,
sei nicht böse dem Menschen in mir.
Ich verstehe Dich, bin Dir Schwester,
stumme, zuhörende, leidende und leise lachende,
sich an kleinen Dingen Freuende.

Manchmal, da ist Menschsein sehr schwer!
Menschen, die Ungeduldigen, Lauten
- wir selbst – sind oft schwer zu ertragen
Aber Schwester, brauchst Du sie nicht auch, die
Menschen, uns Menschen?
Als Bewunderer, Genießer?
Nein, manchmal glaube ich, Du brauchst sie nicht.

Das sind die Momente, in denen sich Menschen,
in denen ich, mich wirklich einsam fühle.
Und die Menschen dennoch zu Deinen Verehrern
machen.

(Oktober 2003)

Spazierengehen am Kraterrand

Sich bewegen am Abgrund,
umrunden den Krater,
bedächtig, mit dem Wissen
um die Gefahr des Absturzes.

Sehnsucht nach Wärme und Licht,
ahnend, dass die Hoffnung,
beides im Leuchten des Kraters zu finden,
im Chaos endet.

Weiterlaufen im Kreis,
manchmal sich entfernend,
manchmal näherkommend dem Abgrund.

Da wird sichtbar auf einmal ein Netz,
gespannt von mir selbst nach dem letzten, fast
todbringenden Fall in den Krater.
Sicherheit, wenn die glutvolle Sehnsucht nicht
mehr zu bezwingen ist,
bewahrend dann vor dem erneuten Absturz ins
Bodenlose.
So falle ich dieses Mal nur scheinbar unaufhörlich
und nicht mehr ganz so bodenlos.

Nach dem Fall das Zurückklettern zum Kraterrand
kostet wiederum Kraft, aber der Weg ist kürzer
diesmal, denn da war ja das Netz.

Bald stehe ich wieder oben, erschöpft,
doch hoffnungsvoller und mutiger als beim letzten
Mal.

Denn nun kann ich das nächste Netz spannen,
noch weiter oben über dem Abgrund.
Und kann beginnen,
mit dem Bau einer wärmenden Hütte, dem neuen
Zuhause.

(November 2011)

Sehnsucht

Sehnsucht, das ist Fernweh und Heimweh zugleich.
Im Zug sitzend in fremde Gärten schauen oder die
altvertrauten Wege gehen.
Dabei Gedanken an zu Hause und an die Ferne,
in der es vielleicht doch noch viel schöner ist.

Bleib ich hier oder geh ich ganz weit weg.
Dazwischen liegt Niemandsland.

Wenn die Heimat die Sehnsucht nach Ferne weckt
Und ich in der Ferne ein Stück Heimat finde
Bin ich dann angekommen?
Wo?

(Oktober 2000)

Novemberglück

Kahle Bäume, blühende Herzen
trübe Tage, voller Lachen
kalte Winde, viele Kerzen
Novembersturm ließ Lust entfachen

Abschied und Anfang am gleichen Tage,
vergilbende Blätter mit glühenden Botschaften,
sturmtobende Winde ums Haus und das Rascheln
meines Kleides bei der ersten Berührung

Der Duft feuchten Laubes – der Duft gelebter
Liebe, unbändiger Lust
das leichte Beben des Waldbodens unter meinen
Füßen und das begehrende Zittern vor dem Gipfel
der Erregung
die weichen feuchten Erdkrumen in meiner Hand
und die unvergleichliche Sanftheit seiner Haut

Die Dunkelheit der späten Herbsttage und das
Licht in mir

(November 2006)

Junges Mädchen mit aschgrauem Haar

Wenn es riecht nach Hyazinthen und
Maiglöckchen im Frühling
– Du bist

Wenn es riecht nach gemähtem Gras und
Kiefernharz im Sommer
– Du bist nicht

Wenn es riecht nach rauchigen Feuern und
modernder Erde im Herbst
– Du bist nicht mehr

Wenn es riecht nach Glühwein und Mandeln und
Schnee im Winter
– Du bist nicht mehr da.

Du bist nicht mehr da! Du fehlst! Du bist überall!

In unserer Erinnerung wirst Du nicht fremder mit
der Zeit,
sondern vertrauter durch jeden Gedanken
an dich.

Man sagt von Dir, du seiest gestorben.
Das kann sein, dort, bei anderen Menschen.

Hier bist du da, jeden Tag, jede Stunde.

Du lebst, solange wir uns an Dich erinnern.

Du bist für uns
unser junges Mädchen mit den aschgrauen Haaren

(April 2016)

Wanderwege des Lebens

Die untergehende Sonne hat ihre hitzige Glut mit
wohltuender Wärme vertauscht,
ein Spaziergang im Abendlicht gleicht den
vorsichtigen Gedanken ans Älterwerden.

Beim Laufen das Federn des Waldbodens unter
den Füßen spüren,
gleichsam ein Abstreifen schlechter und - leider
auch - guter Lebensmomente.
Und noch eine ganze Strecke vor mir – glücklich
darüber - aber nicht wissend, ob der Weg steinig
wird und voller Treibsand,
oder eher eine asphaltierte Straße, sicher zu gehen
aber auch endlos eintönig.

Ist ein hoher Berg noch zu erklimmen?
Auf dem Gipfel den Blick belohnend mit der
Schönheit lebendiger Landschaft?
Oder werde ich oben stehen, das Tal vor Augen,
mit Angst im Herzen und wissend, dass es nur den
sofortigen Absturz gibt oder den gleichen
mühsamen Weg zurück.

Herbei sehne ich mir einen freundlichen Weg ins
Tal.
Mit kleinen Steinen ab und zu, einem Bach zum
Überspringen und einer kleinen Pension am Ende,

wo die Wirtsleute lesend am Herd in der Küche sitzen und abends Musik erklingt.

Einen Fuß vor den anderen setze ich - noch ist der eindeutige, der letzte Weg nicht da, zum Glück.

Noch treffe ich laufend auf Kreuzungen, die Entscheidungen von mir fordern.
Manchmal wähle ich schwierige Wege, ein anderes Mal will ich leichten Fußes ans Ziel.

Währenddessen sinkt die Sonne immer weiter, bis sie schließlich verschwindet.
Noch bin ich gewiss, dass sie sich nur zur Nacht ausruht, um dann morgens ihre volle Glut wieder zu entfachen.

Eines Tages aber wird sie für immer untergehen, wenn ich einmal alle Wege gegangen bin. Dann habe ich hoffentlich gelernt, auch den Abschied mit Freude anzunehmen.

(Juli 2005)

Weihnachten für alle?

Weihnachten, zum Glaubensfest,
was machen da die Reichen mit dem armen Rest?

Weihnachten, zum Fest der Liebe,
was machen da eigentlich die Diebe?

Weihnachten, zum Fest der heiligen Geburt
Was macht da die Frau, die auf der Straße hurt?

Weihnachten zum Fest des Neugeborenen,
was machen da jene, die über's Jahr alles
verloren?

Weihnachten, zum Fest des Christuskinds,
was macht da die, von der alle glauben, die spinnt?

Weihnachten, zum Fest des Kerzenscheins,
was macht da der Obdachlose vom Bahnhof
Mainz?

Sie hoffen auf das neue Jahr,
Weihnachten für alle, wird's nächstes Jahr wahr?

(November 2011)

Inhaltsverzeichnis:

FSC
www.fsc.org
MIX
Papier | Fördert
gute Waldnutzung
FSC® C083411

Zeitfracht Medien GmbH
Ferdinand-Jühlke-Straße 7
99095 Erfurt, Deutschland
produktsicherheit@kolibri360.de